VENTE

Des 3 et 4 Mars 1902

HOTEL DROUOT, SALLE 1

SCULPTURES

TABLEAUX - OBJETS D'ART

MOBILIER

Ancien et de Style

ORFÈVRERIE. FOURRURES

Me LAIR DUBREUIL
COMMISSAIRE-PRISEUR

M. A. BLOCHE
EXPERT

IMPRIMERIE ARTISTIQUE
MÉNARD & CHAUFOUR [illegible] RUE MILTON
PARIS

CATALOGUE

DES

SCULPTURES

Marbres — Terres cuites

Groupes — Statuettes — Bustes

ORFÈVRERIE ARTISTIQUE

Bronzes — Porcelaines anciennes — Miniatures

TABLEAUX

Mobilier Ancien et de Style

Piano à queue de Pleyel — Harmonium d'Alexandre
Salons en tapisserie et en soierie, Chambre Louis XVI, Vitrines
Tables, Paravents, Commodes, Bibliothèque

FOURRURES — TAPISSERIES — SOIERIES

DONT LA VENTE AURA LIEU

HOTEL DROUOT — SALLE N° 1

Les Lundi 3 et Mardi 4 Mars 1902

A 2 HEURES 1/4

Me LAIR-DUBREUIL	**M. A. BLOCHE**
COMMISSAIRE-PRISEUR	EXPERT
Successeur de Me DUCHESNE	*près la Cour d'Appel*
6, rue de Hanovre, 6	28, rue de Châteaudun

Chez lesquels on trouve le présent catalogue.

EXPOSITION PUBLIQUE LE DIMANCHE 2 MARS 1902

De 2 h. à 5 h. 1/2

CONDITIONS DE LA VENTE

La vente sera faite au comptant.

Les adjudicataires payeront *dix pour cent* en sus des enchères.

Imp. Ménard et Chaufour, 8-10, r. Milton. Paris

DÉSIGNATION

SCULPTURES

1 à 6 — Six statues en marbre représentant des allégories à la Force, à la Foi, à la Justice, au Droit, etc. Sous les traits de femmes debout et drapées, travail ancien.

7 — Statuette en marbre, Baigneuse, de CARONI, signé.

8 — Buste en marbre, Henri IV enfant.

9 — Grand buste en marbre, Diane, d'après HOUDON.

10 — Groupe en terre cuite : Bacchanales de nymphes et enfants, de CARRIER BELLEUSE, signé.

11 — Grand buste en marbre inspiré du xve siècle, représentant Manuela de Rodriguez.

12-13 — Deux figures de petites marquises Pompadour en terre cuite.

14 — Statuette en marbre : l'Aube de CAUSSÉ.

15 — Buite en marbre : Mme de Montesson.

16 — Buste en marbre, portrait de femme Louis XV.

17 — Buste en marbre Marguerite, signé DEFORGE.

18 — Groupe en terre cuite d'après CLODION. Faunesse et petit Faune.

ARGENTERIE

19 — Grand gobelet avec couvercle en vermeil repoussé, décor à bossages à têtes de chérubins et ornements, couronné par une figurine de femme tenant une bannière, style xvie siècle.

20 — Grand vidrecome en argent repoussé et doré représentant des scènes de bataille, anse à cariatide de femme, couvercle couronné par une figurine de guerrier style XVIe siècle.

21 — Grand vase d'honneur avec couvercle en argent repoussé et doré offrant des médaillons à sujets allégoriques, des mascarons et des ornements, pied orné de trois figurines de femmes, couvercle surmonté d'une figurine représentant la Justice. Style XVIe siècle.

22 — Vase d'honneur avec couvercle en argent repoussé et doré représentant au pourtour des scènes du Nouveau Testament, autour du pied et du couvercle des guirlandes et des oiseaux, et supportant le vase des figures d'Adam et d'Ève dans le Paradis terrestre, style Renaisssance.

23 — Glace avec cadre en argent.

24-25 — Quatre flambeaux en métal argenté. Style Ier Empire.

26 — Service à thé en métal argenté composé de : Une bouilloire avec lampe et support, nne théière, une cafetière, un sucrier, un pot à lait, anses en ivoire.

27 — Verseuse en métal argenté.

OBJETS D'ART

28 — Paire de beaux vases à couvercles, en ancienne porcelaine de Chine bleu-turquoise, riche monture en bronze ciselé et doré : gorge ajourée, col à tors de lauriers retenant des dépouilles et des mufles de lions formant anses ; socles à décors de feuillage et de grecque, Travail de Beurdeley.

29 — Garniture de cheminée en bronze doré et marbre blanc de style Louis XVI composée de : Une pendule monture à cage en glaces, décorée de trophées d'instruments de musique et d'ornements en bronze ciselé et doré et deux candélabres à colonnes de marbre blanc supportant deux chimères.

30 — Garniture de cheminée en bronze doré du style Louis XVI composé de : Une pendule de forme monumentale et deux candélabres à sept lumières.

31 — Pendule en bronze doré de style Louis XV surmontée d'une statuette d'enfant.

32 — Paire de candélabres en bronze doré à quatre lumières style Louis XV.

33 — Lustre à douze lumières en bronze poli style Louis XIII.

34 — Petite garniture de cheminée en bronze doré de style Louis XV composée de : Une pendule et deux candélabres à trois lumières.

35 — Cartel en bronze doré modèle à draperies, vase et mascaron style Louis XV.

36 — 2 Chenets en cuivre style Renaissance.

37 — 2 Chenets en cuivre style Louis XIII.

38 — 2 Vases forme brûle-parfums en marbre et bronze.

39 — Paire de chenets en bronze doré amours assis sur des rocailles.

40 — 2 Petits brûle-parfums en bronze du Japon.

41 — Jardinière ovale en cuivre, pieds à griffes.

42 — Buste de Marie-Antoinette en biscuit de Sèvres.

43 — Vase en céramique flamande décoré d'iris sur fond jaune.

44 — Jolie pendule d'applique avec son socle en marqueterie de Boulle garnie de bronzes dorés. Epoque Régence.

45 — Deux potiches en ancienne porcelaine du Japon, décor à fleurs en polychrome.

46 — Petit brûle-parfums en bronze du Japon.

47 — Cartel en bronze doré et patiné à figures d'enfants et rocailles. Style Louis XV.

48 — Statuette en bronze : le Petit Pêcheur, de GUILLAUME.

49 — Statuette en bronze, patine verte, la Bacchante, d'après CLODION.

50 — Coffret style byzantin orné de figures et de cabochons émaillés.

51 — Paire de potiches avec couvercles en porcelaine de Chine, à personnages et guerriers.

52 — Petite pendule en biscuit, l'Enfant au Tombeau, monture en bronze. Style Louis XVI.

53 — Paire de flambeaux en bronze doré à côtes tournantes, époque Louis XV.

54 à 57 — Soupière, saladier et dix plats en ancienne porcelaine de l'Inde, décor à fleurs et ornements en rouge corail et or.

58 — Beau devant de feu en bronze ciselé

et doré à personnages, ornements et mascarons. Epoque du Ier Empire.

59 — Statuette équestre en bronze, Louis XIV à cheval, patine rouge, sur socle en bronze doré.

60 — Paire de petits candélabres à figures de nymphes drapées, bronze à patine foncée, portant des bouquets à trois lumières. Style Louis XVI.

61 — Bouteille en vieux Chine décor fleurs de pêcher sur fond rouge brique.

62 — Buste en bronze patine foncée d'aprés l'antique.

63 — Cassolette avec couvercle en vieux Chine, fond capucin à médaillons de fleurs de la famille rose.

64 — Paire de très grands vases à gorge forme tulipe en porcelaine du Japon, décor partie laquée à dragons et fleurs à rehauts d'or.

65 — Statuette en bronze, l'Arlequin, de P. DUBOIS. Signé.

66 — Paire de flambeaux en bronze gravé à bustes de personnages et ornements Louis XIV.

67 — Deux petits bustes en biscuit, Louis XVI et Marie-Antoinete.

68 — Vase en porcelaine de Chine, décor en émaux de couleur à scènes familières.

69 — Paire de vases en ancien émail cloisonné de Chine, fond bleu turquoise à fleurs et feuillages en couleur, montures en bronze.

70 — Paire de girandoles à quatre lumières en bronze argenté. Style Louis XV.

71 — Vase forme gourde en vieux Chine, décor fleurs de pêcher en rouge corail sur fond bleu.

72 — Vase en vieux Chine, décor médaillons à personnages, fleurs de pêcher et arabesques en bleu sur fond manganèse.

73 — Deux masques japonais en bois peint et sculpté.

MINIATURES

74 — Mme Récamier (d'après DAVID), cadre Empire à couronne de lauriers.

75 — Princesse Potocka, cadre ovale, bronze doré.

76 — Mme Elisabeth, cadre ovale, bronze doré.

77 — Cadre bois noir, deux portraits homme et femme.

78 — Marie-Antoinette, cadre bois noir.

79 — Bonbonnière brune avec miniature.

80 — Gouache : Mme de Pompadour, cadre Louis XV à fronton.

81 — Gouache (école du XVIIe siècle) : Scène d'intérieur de la Révolution.

82 — Jolie scène d'intérieur, représentant l'Impératrice Joséphine, dessinant le portrait de Napoléon Ier, d'après J. FRANQUE.

83 — Jeune femme, en toilette jaune et bleu, Louis XVI, assise sur un sofa.

84 — Portrait de la princesse Louise de Lorraine, d'après NATTIER.

85 — Broche en vieil argent fleurettes marcassittes et grenats, ornée d'une miniature.

86 — Portrait de femme.

MEUBLES

87 — Jolie vitrine en bois d'acajou de forme cintrée ; le haut à trois glaces est orné de rinceaux, d'entrelacs et de colonettes à figures de femmes engainées en bronze giselé et doré, le bas forme console sur quatre pieds cannelés, et tablette d'entrejambe. Style Louis XVI.

88 — Meuble de salon en bois sculpté Louis XVI garni en tapisserie d'Aubusson ; dossiers à petits personnages, sièges à animaux et fleurs composé de : un canapé et six fauteuils.

89 — Petit meuble de salon en bois laqué blanc composé de un canapé, deux fauteuils et deux chaises garnies en cretonne à fleurs.

90 — Vitrine en acajou ornée de bronzes de style Louis XVI, intérieur garni de soie bleue.

91 — Table à jeu en acajou et cuivre de style Louis XVI.

92 — Belle chambre à coucher en acajou, marqueterie et filets de cuivre de style Louis XVI composée de : Un lit de milieu. Une armoire à deux portes à glaces biseautées et colonettes détachées et deux tables de nuit.

93 — Commode en marqueterie de bois rose et palissandre ornée de bronzes

dorés dessus de marbre rouge royal époque Louis XVI.

94 — Bibliothèque en acajou, et cuivres, montants à colonnes, style Louis XIV.

95-96 — Lit, Secrétaire, Commode-toilette et table de nuit en acajou et cuivre de style Louis XVI (sera divisé).

97 — Table vitrine à quatre faces en acajou et glaces, ornements en bronze ciselé et doré, style Louis XV.

98 — Meuble formant casier à musique en acajou à encadrements et ornements de bronzes dorés style Louis XVI.

99 — Table Louis XIV en bois sculpté peint noir rehaussé d'or.

100 — Table en chêne, dessus de marbre blanc style Louis XIV.

101 — Table de bureau à quatre faces en bois sculpté et laqué blanc, dessus en maroquin.

102 — Bureau de dame forme Louis XV en palissandre, ornements et moulures en bronze doré.

103 — Grand fauteuil à oreilles en bois sculpté et doré, garni de canne dorée, style Louis XIV, avec coussin et têtière en soie brochée fond jaune.

104 — Petit cabinet en bois noir orné de nombreuses plaques en émail représentant des scènes de la Mythologie, et décoré d'appliques, de statuettes et d'animaux en bronze ciselé et doré.

105 — Secrétaire en marqueterie époque Louis XVI, offrant des médaillons à sujets mythologiques, encadrements à ornements et feuilles d'acanthe.

106 — Deux supports en bois de fer sculpté incrusté de burgau, travail chinois.

107 — Table à ouvrage en bois des Iles sculpté, ornée de bronzes ajourés, avec figures en application d'ivoire teinté,

glace à l'intérieur. Travail dans le goût chinois.

108 — Jolie table à thé en bois des Iles sculpté, poignées en bronze, style chinois.

109 — Table gigogne en bois sculpté et laqué, décor paysages et biseaux.

110 — Devant de coffret en bois sculpté XVIIe siècle.

111 — Gong en métal suspendu à une belle monture en bois de fer sculpté, style chinois.

112 — Deux tabourets supports en bois de fer sculpté, dessus en marbre, style chinois.

113 — Table bureau en bois de palissandre richement garnie de bronze à rocailles, styleLouis XV.

114 — Petite table rectangulaire en bois d'acajou et thuya, style Louis XVI.

115 — Glace avec cadre en bois sculpté et doré Louis XVI.

116 — Paravent en bois doré et soierie brochée, le haut en glaces, style Louis XVI.

117 — Piano à queue, de Pleyel.

118 — Harmonium d'Alexandre.

119 — Salon en bois sculpté et doré forme à médaillon composé de cinq pièces, recouvert en étoffe brochée de soie à fleurs.

120 — Bergère style Louis XVI en bois sculpté et doré recouvert en étoffe broché de soie fond beige.

121 — Paravent style Louis XVI à trois feuilles en bois sculpté et doré avec petites glaces bizeautées.

122 — Banquette style Louis XVI en bois doré, couverte en étoffe de soie.

FOURRURES

123 — Manteau de dame en loutre, col en martre.

124 — Pelisse de dame en drap marron doublé en martre.

125 — Etole et manchon en loutre.

TAPISSERIES, SOIERIES

126 — Grand panneau en ancienne tapisserie flamande à personnages.

127 — Pente en ancienne tapisserie, décor à mascarons et fruits encadrée de reps havane.

128 — Bandeau en ancienne tapisserie à fleurs, fruits et feuillages; médaillon central à figures d'oiseaux, accosté de deux lions.

129 — Beau tapis de table en velours brodé

d'or à décor d'oiseaux, ornements et fleurs.

130 — Deux panneaux longs en étoffe brodée d'or à décor d'oiseaux, ornements et fleurs.

131-133 — Lot de soieries et étoffes brodées.

TABLEAUX, DESSINS

134 — BALLUE. *Un Secret d'Etat.*

Aquarelle.

135 — BILLET (PIERRE). *Les Bucheronnes.*

136 — BONNAT (LÉON). *Portrait d'homme.*

137 — BONNINGTON (d'après). *Vue du parc de Versailles.*

138-139 — BOILLY (attribué à). *Portraits de femmes.*

Dessins, médaillons. 2 pendants.

140 — BOUCHER (d'après F.). *Dessin de Porte.*

141 — COROT (d'après). *Danse de Nymphes.*

141 — COUTURIER (Ph.). *Une Trouvaille.*

143-144 — DEBUCOURT (d'après). *Le Menuet de la mariée et la Noce au château.*
Deux gravures en couleur.

145 — DIAQUI. *Jeune femme.*

146 — DOMINGO. *Cheval à la charrue.*
Aquarelle.

147 — DONNADIEU. *La Petite incrédule.*

148 — ECOLE ANCIENNE. *Les Anges adorateurs à genoux autour de la sainte châse.*

149 — ÉCOLE ANCIENNE. *Tête de vieillard.*

150 — ÉCOLE ESPAGNOLE. *La Vierge et l'Enfant.*
Peinture sur cuivre.

151 — ÉCOLE FLAMANDE. *Les Saintes femmes au pied du Christ en croix.*
Petit tableaux.

152 — ÉCOLE FRANÇAISE. *Portrait de femme en costume Louis XVI.*

Pastel, Cadre sculpté.

153 — *Portrait d'homme en costume Louis XVI.*

Pastel, cadre sculpté.

154 — *Portrait ae femme coiffée d'une mantille. Epoque Louis XVI.*

155 — *Portrait de femme tenant une guirlànde de fleurs.*

153 — ECOLE FRANÇAISE. *Diane découvrant la grossesse de Calisto.*

157 — ECOLE FRANÇAISE. *Scène mythologique.*

158 — ECOLE MODERNE. *Femme nue couchée dans un paysage.*

159 — *Sainte Cécile.*

160 — EÇOLE MODERNE. *Le Tailleur de pierre.*

161 — ECOLE MODERNE. *La Bacchante.*

162-163 — ECOLE MODERNE. *Paysages.*

Deux grands panneaux.

164 — GOYA (attribué à). Scène espagnole : l'*Arrestation.*

165 — GRECO (attribué à). *Le Christ descendu de croix.*

166 — GRENET. *Tête de vierge.*

Pastel.

166 *bis* — GRENET. *Tête de sainte.*

Petit pastel.

167 — HARPIGNIES. *Sentier à la lisière d'un bois.*

168 — JONCKIND. *Le Moulin.*

Signé à gauche.

169 — MAZELLA. *Marine : La Rentrée des pêcheurs.*

170 — MURILLO (d'après) *Jeune Mendiant.*

171 — PORBUS (attribué à). *Portrait de*

jeune femme en riche costume à collerette et parée de joyaux.

172 — RUBENS (d'après P.-P.) *La Gloire couronnant la Beauté.*

173 — SEGÉ (A). *Paysage.*

174 à 177 — TÉNIERS (d'après). *Les Fêtes flamandes.*

Quatre gravures en noir par LE BAS.

178 — TIEPOLO. *Apparition.*

179 — Gravure ancienne : *Le Christ chassant les marchands du Temple.*

180 à 197 — Tableaux, dessins, gravures de diverses Ecoles.

198 — Objets omis.

www.ingramcontent.com/pod-product-compliance
Ingram Content Group UK Ltd.
Pitfield, Milton Keynes, MK11 3LW, UK
UKHW032032260826
14628UKWH00006B/2903